une allergie

L'édition originale de cet ouvrage
a paru sous le titre *Allergies*
Copyright © Aladdin Books Ltd 1990
28, Percy Street, London W1P 9FF
All rights reserved

Adaptation française de François Carlier
Copyright © Éditions Gamma, Tournai, 1991
D/1991/0195/56
ISBN 2-7130-1190-X
(édition originale : ISBN 0-7496-0098-5)

Exclusivité au Canada :
Éditions J. Saint-Loup, 6255,
rue Hutchison, Montréal, Qué. H2V 4C7
Dépôts légaux, 3ᵉ trimestre 1991
Bibliothèque nationale du Québec
Bibliothèque nationale du Canada
ISBN 2-920441-64-7

Illustrations de Ian Moores

Imprimé en Belgique

SOMMAIRE

VIVRE AVEC

une allergie

Tony White

François Carlier

Éditions Gamma

Éditions Saint-Loup

QUE SONT LES ALLERGIES?

Chaque jour, nous entrons en contact avec des choses qui peuvent nous faire du mal. Ce sont par exemple des aliments ou boissons, des produits chimiques contenus dans l'air, des microbes ou des virus. Notre corps a un système de défense perfectionné qui nous protège contre ces dangers : c'est notre système immunitaire, qui lutte constamment contre toute chose qui peut nous nuire. S'il perd une bataille, nous tombons malades, mais c'est rare car la plupart d'entre nous sont bien portants presque tout le temps.

Le système immunitaire n'est pas une structure séparée, comme l'est le système nerveux. Il est plutôt la réponse normale du corps à une infection. Il implique plusieurs organes du corps et les substances qu'ils produisent. Ils agissent ensemble de façon coordonnée et continue pour protéger le corps contre les substances dangereuses. Chez certaines personnes, le système immunitaire réagit à contretemps, de façon exagérée ou se trompe de cible. Cette réaction indésirable et productrice d'ennuis est appelée une allergie.

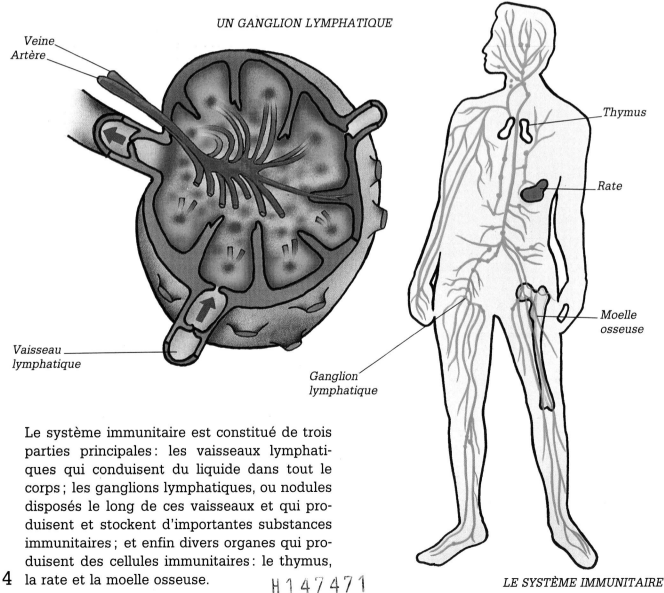

UN GANGLION LYMPHATIQUE

Veine
Artère

Vaisseau lymphatique

Ganglion lymphatique

Thymus

Rate

Moelle osseuse

LE SYSTÈME IMMUNITAIRE

Le système immunitaire est constitué de trois parties principales : les vaisseaux lymphatiques qui conduisent du liquide dans tout le corps ; les ganglions lymphatiques, ou nodules disposés le long de ces vaisseaux et qui produisent et stockent d'importantes substances immunitaires ; et enfin divers organes qui produisent des cellules immunitaires : le thymus, la rate et la moelle osseuse.

Veine

Ganglion
lymphatique

Artère

Capillaires
sanguins

Petits vaisseaux
lymphatiques

Les petits vaisseaux lymphatiques sont reliés étroitement aux capillaires sanguins. Ainsi les cellules immunitaires passent facilement dans le sang pour combattre une infection.

Le système immunitaire

Lorsque des choses dangereuses entrent dans notre corps, des cellules spéciales, dites immunitaires, les combattent. Ces cellules se trouvent en grand nombre dans le sang, les ganglions lymphatiques et tous les tissus du corps. Face à une menace, les cellules immunitaires peuvent se multiplier rapidement pour combattre le danger et s'opposer à son extension. C'est pourquoi les ganglions lymphatiques du cou gonflent en cas de mal de gorge.

Il y a plusieurs sortes de cellules immunitaires, ayant chacune une fonction spéciale et un nom particulier. Les plus importantes sont les macrophages, qui mangent les choses dangereuses ayant pénétré dans le corps. Les lymphocytes et les mastocytes sont deux autres sortes de cellules immunitaires, dont les rôles particuliers seront expliqués dans les pages suivantes.

Cette microphotographie montre deux macrophages dans le poumon. Celui du dessus a la forme habituelle, et l'autre s'aplatit pour manger la petite boule de poussière du coin gauche, en bas.

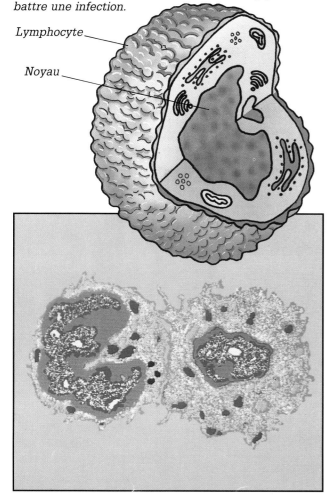

Lymphocyte

Noyau

Les lymphocytes agissent contre les infections.

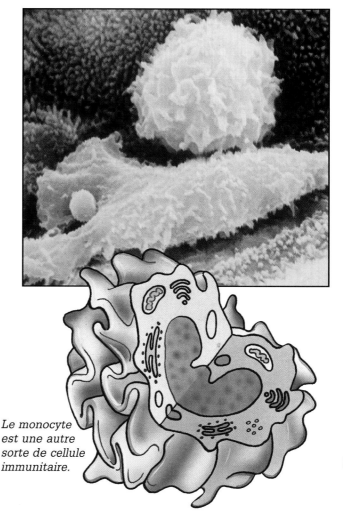

Le monocyte est une autre sorte de cellule immunitaire.

5

La réaction immunitaire

Les lymphocytes sont une des sortes de cellules immunitaires. Ils produisent des anticorps qui combattent les antigènes. Ceux-ci sont des substances entrées dans le corps et qui peuvent être nuisibles. Chaque anticorps a une forme spéciale qui ne s'adapte qu'à une seule sorte d'antigène, comme une clef à une serrure. L'anticorps et l'antigène forment ensemble un complexe immunologique. Les macrophages détruisent alors tous les complexes immunologiques, dont le corps se débarrasse.

Les anticorps sont constitués de protéines appelées immunoglobulines. Celles-ci sont de quatre types : les IgA (immunoglobulines A) protègent les poumons et les intestins ; les IgG et IgM sont d'importants anticorps du sang ; les IgE provoquent des réactions « allergiques » rapides, par exemple dans la peau. Quand un anticorps particulier a été réalisé contre un antigène, les lymphocytes ont une « mémoire immunologique » de sa formule, et à l'avenir la menace du même antigène recevra une réplique plus rapide.

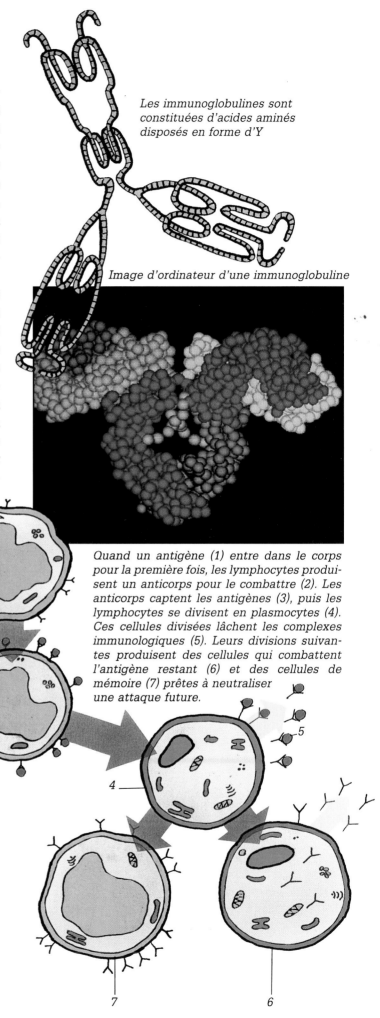

Les immunoglobulines sont constituées d'acides aminés disposés en forme d'Y

Image d'ordinateur d'une immunoglobuline

Quand un antigène (1) entre dans le corps pour la première fois, les lymphocytes produisent un anticorps pour le combattre (2). Les anticorps captent les antigènes (3), puis les lymphocytes se divisent en plasmocytes (4). Ces cellules divisées lâchent les complexes immunologiques (5). Leurs divisions suivantes produisent des cellules qui combattent l'antigène restant (6) et des cellules de mémoire (7) prêtes à neutraliser une attaque future.

6

La réaction allergique

Parfois le système immunitaire se trompe et lutte contre des substances inoffensives. Celles-ci sont appelées des allergènes, mais le corps réagit contre eux comme s'ils étaient des antigènes. Cette réaction ne se produit que chez certaines personnes et seulement si leur corps a déjà été auparavant en contact avec cet allergène. La cause de cette réaction reste inconnue. Les anticorps IgE jouent un grand rôle en cas d'allergie. Ils s'attachent à des cellules proches de la peau, appelées mastocytes. Quand elles sont excitées par un allergène, elles expulsent des corps chimiques tels que l'histamine, qui provoquent de l'inflammation.

6. Les mastocytes expulsent de l'histamine qui provoque de l'inflammation

5. Les anticorps captent l'allergène

Mastocyte

1. Une substance inoffensive (allergène) entre dans le corps pour la première fois

3. Nouvelle arrivée d'allergène dans le corps

4. Les anticorps IgE se fixent sur le mastocyte

2. Le lymphocyte produit des anticorps IgE (voir le dessin de la page 6)

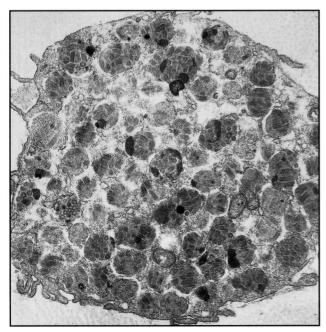

Un mastocyte normal, vu au microscope.

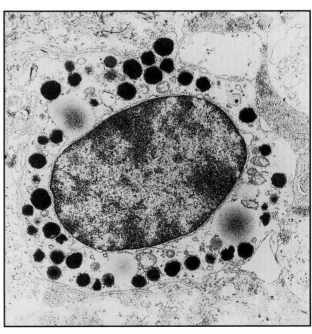

Un mastocyte qui a éjecté de l'histamine.

7

QU'EST-CE QUI PEUT SE DÉRÉGLER ?

L'allergie produit deux sortes principales de maladies. La première est appelée atopie : c'est la tendance à réagir de façon anormalement forte à des allergènes ordinaires tels que les pollens, les moisissures, les spores et les bestioles de la poussière des maisons. La seconde sorte est appelée maladie du complexe immunologique. Lorsqu'un antigène (ou un allergène) et son anticorps se sont réunis, ils forment ce qu'on appelle un complexe immunologique. De tels complexes sont ordinairement détruits par les macrophages et éliminés du corps.

Mais parfois cela ne se produit pas, et les complexes restent dans différentes parties du corps, où ils causent de l'inflammation et des dégâts, comme dans l'arthrite rhumatoïde et la maladie cœliaque. Dans d'autres cas le corps distingue mal les protéines des antigènes de ses propres protéines, et sa réaction contre les premières atteint aussi les secondes : il lutte donc contre lui-même. Ceci provoque des maladies appelées auto-immunes, telles que l'anémie pernicieuse et le rhumatisme articulaire à suites cardiaques.

Le rhume des foins

Il n'est pas une infection, mais une réaction allergique aux pollens qui sont transportés par le vent. La réaction se produit dans le nez et les yeux, où le pollen (l'allergène) réagit avec les immunoglobulines E, ce qui pousse les mastocytes à éjecter de l'histamine. Les symptômes du rhume des foins sont les éternuements, le larmoiement, le nez bouché et qui coule, et des démangeaisons. Certaines personnes en souffrent au printemps, lorsque les arbres produisent leur pollen. Mais la plupart de ces allergiques sont sensibles aux pollens des graminées (herbes), le plus abondants de mai à juillet.

Les éternuements sont un des symptômes du rhume des foins, qui gêne beaucoup certaines personnes.

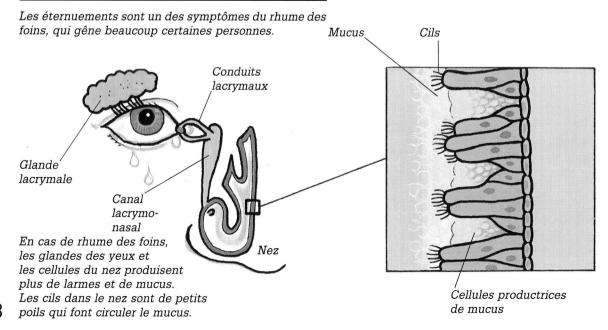

Conduits lacrymaux

Mucus *Cils*

Glande lacrymale

Canal lacrymonasal

Nez

En cas de rhume des foins, les glandes des yeux et les cellules du nez produisent plus de larmes et de mucus. Les cils dans le nez sont de petits poils qui font circuler le mucus.

Cellules productrices de mucus

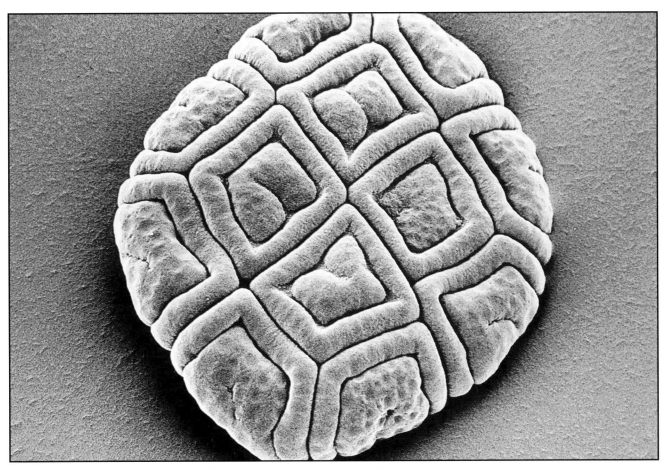

Microphotographie d'un grain de pollen de mimosa, une plante à fleurs.

Microphotographie d'un grain de pollen d'une fleur de mouron des oiseaux.

9

L'asthme

Ce mot vient du grec, où il signifie « respiration difficile ». Environ une personne sur dix souffre plus ou moins d'asthme. Celui-ci cause des crises de respiration bruyante et difficile et de toux, qui peuvent être légères, modérées ou graves. Les médecins savent que la plupart des cas d'asthme sont causés par l'allergie. L'allergène est souvent le pollen, les spores, les moisissures, et les minuscules acariens qui se trouvent dans la poussière des maisons et la fourrure des animaux. Une bonne part des asthmatiques sont des enfants. Leur état s'améliore généralement avec l'âge, mais une certaine tendance aux difficultés respiratoires ne les quitte jamais. L'allergène qui cause l'asthme peut être le même que celui du rhume des foins, mais la réaction du corps est différente dans l'asthme et se produit en un autre endroit. Si les allergènes ne sont pas arrêtés lors du passage de l'air par le nez ou la bouche, certains atteignent les poumons, où se produit la réaction qui cause l'asthme.

Les poils d'animaux peuvent causer l'asthme.

Les minuscules acariens présents dans la poussière des maisons causent diverses allergies.

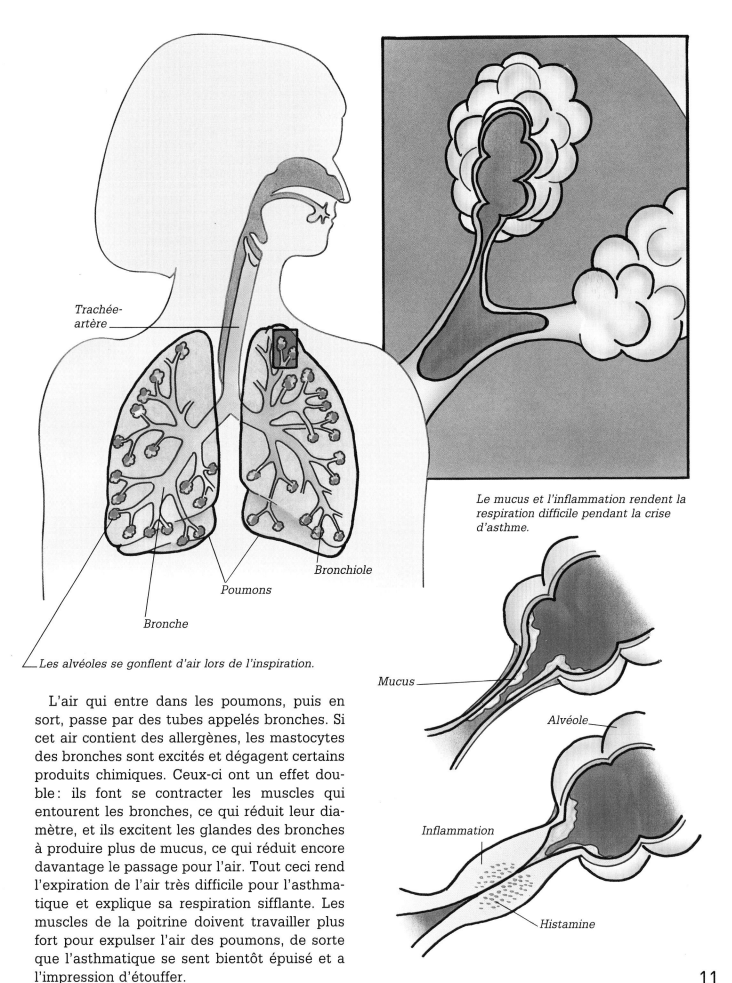

Trachée-
artère

Bronchiole

Poumons

Bronche

Les alvéoles se gonflent d'air lors de l'inspiration.

Le mucus et l'inflammation rendent la respiration difficile pendant la crise d'asthme.

Mucus

Alvéole

Inflammation

Histamine

L'air qui entre dans les poumons, puis en sort, passe par des tubes appelés bronches. Si cet air contient des allergènes, les mastocytes des bronches sont excités et dégagent certains produits chimiques. Ceux-ci ont un effet double : ils font se contracter les muscles qui entourent les bronches, ce qui réduit leur diamètre, et ils excitent les glandes des bronches à produire plus de mucus, ce qui réduit encore davantage le passage pour l'air. Tout ceci rend l'expiration de l'air très difficile pour l'asthmatique et explique sa respiration sifflante. Les muscles de la poitrine doivent travailler plus fort pour expulser l'air des poumons, de sorte que l'asthmatique se sent bientôt épuisé et a l'impression d'étouffer.

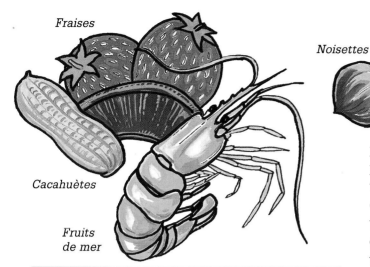

Fraises

Noisettes

Cacahuètes

Fruits
de mer

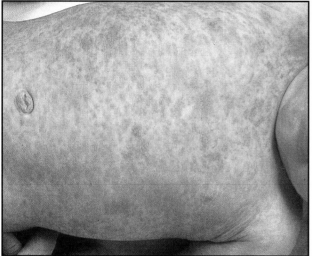

Une crise d'urticaire.

Urticaire

Diverses personnes sont allergiques aux protéines de certains aliments, surtout des noix et noisettes, fraises et fruits de mer. La réaction allergique ne produit parfois que de l'immunoglobuline A (voir p. 6), provoquant le gonflement des lèvres, des picotements dans la bouche, des vomissements et de la diarrhée. Plus souvent, il y a aussi production d'IgE dans les tissus de la peau, avec dégagement d'histamine dans et sous celle-ci. L'histamine produit une affection assez fréquente, l'urticaire : des taches rouges et des vésicules apparaissent sur la peau et provoquent de fortes démangeaisons ; cela peut durer de une minute à une semaine. L'urticaire peut s'accompagner d'asthme, d'écoulement nasal et d'eczéma. Une réaction semblable peut provenir aussi de divers virus (tels ceux qui causent le rhume et la toux), de médicaments, de plantes (primevères et orties), de piqûres d'insectes, et d'une chaleur ou d'un froid intenses. Dans de nombreux cas, la cause de la réaction allergique est inconnue, et il est difficile alors d'éviter la répétition des crises.

Piqûres d'abeilles ou de guêpes

De rares personnes sont si sensibles à certains allergènes que ceux-ci peuvent provoquer une réaction très grave appelée choc anaphylactique. Il peut causer parfois une mort rapide, après un incident peu important, comme une piqûre d'abeille ou de guêpe : la réaction allergique provoque un tel dégagement d'histamine et d'autres produits chimiques, que les défenses du corps sont submergées. Les vaisseaux sanguins se dilatent dans tout le corps, et la pression sanguine devient tellement faible que le cerveau et d'autres organes essentiels ne peuvent plus fonctionner bien. Le malade risque de mourir, s'il ne reçoit pas un secours médical immédiat. Une telle réaction excessive est heureusement très rare, et pour la plupart d'entre nous une piqûre d'insecte n'est qu'un incident désagréable. Ceux qui savent qu'ils sont allergiques aux piqûres d'insectes doivent toujours emporter avec eux des tablettes antihistaminiques (voir p. 19).

Certaines personnes sont extrêmement allergiques aux piqûres de guêpes et d'abeilles, qui peuvent être mortelles pour eux.

Une maladie cœliaque se décèle chez un enfant ordinairement au moment où il commence à recevoir des aliments solides.

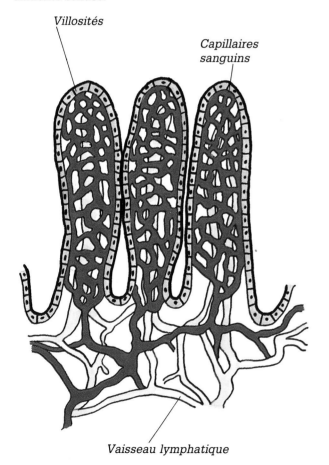

Villosités

Capillaires sanguins

Vaisseau lymphatique

Les villosités sont de petits replis de la paroi de l'intestin grêle. Elles sont indispensables pour l'absorption de nombreux aliments. La maladie cœliaque les endommage, et alors l'absorption des aliments ne se fait plus convenablement, et le malade s'affaiblit.

La maladie cœliaque

C'est une des maladies causées par les complexes immunologiques. Ces groupements antigène-anticorps sont expliqués à la page 6. La maladie cœliaque est provoquée par la réaction du corps au gluten, une protéine contenue dans la farine de blé, et donc aussi dans le pain, les biscuits, les gâteaux, etc. Les anticorps forment avec le gluten des complexes immunologiques: ils se déposent dans la paroi du début de l'intestin grêle, là où se fait ordinairement l'absorption du gluten et des autres aliments. La paroi de l'intestin forme de nombreux petits replis appelés villosités, qui sont endommagés par les complexes immunologiques. Cela gêne l'absorption de tous les aliments et provoque de la diarrhée, une perte de poids et un affaiblissement. La santé ne se rétablit que quand le gluten est exclu totalement et définitivement de l'alimentation.

Aliments et additifs

Beaucoup de nos aliments actuels subissent l'un ou l'autre traitement. Des additifs chimiques ou autres sont ajoutés à bien des aliments pour conserver leur fraîcheur durant le transport du fabricant aux magasins, ou pour améliorer leur aspect ou leur goût. Mais certaines personnes réagissent mal à ces additifs ou produits chimiques. Ainsi certains jeunes enfants deviennent irritables ou hyperactifs lorsqu'ils consomment une des boissons colorées en orange par de la tartrazine. Les réactions aux aliments ne sont généralement pas de vraies allergies, mais des réactions chimiques. Ce sont donc plutôt des intolérances alimentaires que des allergies alimentaires.

L'eczéma atopique

L'eczéma se caractérise par des zones rouges et enflées qui démangent, suintent ou pèlent, au visage, au cou, aux coudes et aux genoux. Il est assez fréquent chez les jeunes enfants : les médecins pensent qu'il est une réaction allergique. Ils l'appellent pour cela eczéma atopique. Certains faits appuient cette opinion.

* Il y a souvent dans la famille de ces enfants des personnes atteintes d'allergies.
* Les enfants atteints d'eczéma souffrent souvent plus tard d'asthme ou de rhume des foins, d'origine allergique.
* Il y a parfois un allergène connu, qui peut être un aliment. Parmi les aliments qui provoquent une réaction, on trouve souvent les œufs et le lait, surtout de vache.

L'eczéma atopique diffère de l'eczéma adulte, qui n'est probablement pas dû à une allergie.

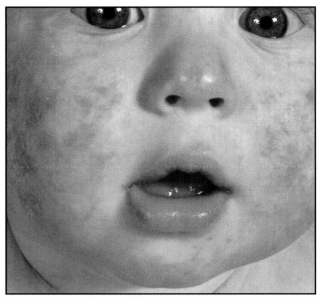

L'eczéma atopique touche de nombreux enfants.

Produits cosmétiques et chimiques

Certains des produits chimiques utilisés dans les cosmétiques, à la maison ou dans l'industrie peuvent causer des réactions sur la peau. Ce sont ordinairement des réactions chimiques, mais ce peuvent être aussi des allergies. Dans ce dernier cas, il s'agit de substances inoffensives pour la plupart des gens, mais qui irritent les peaux sensibles. La place et la forme de l'irritation peuvent faire découvrir la cause. Ainsi une allergie au nickel contenu dans l'acier inoxydable d'un bracelet de montre marquera sa forme sur la peau du poignet.

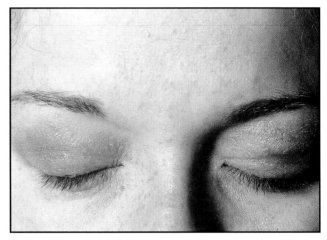

Les cosmétiques irritent souvent la peau.

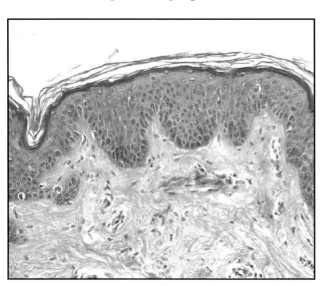

Coupe transversale d'une peau normale, dont la surface est blanche et lisse.

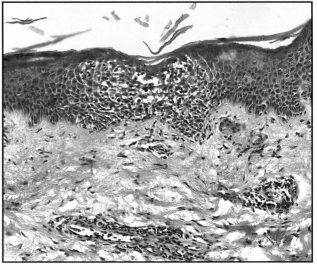

Coupe d'une peau qui réagit à une allergie. L'excès de sang dans les capillaires rougit la surface.

L'histamine dans la nature

Les poils des feuilles et tiges des orties contiennent de l'histamine. Quand on les touche, ils injectent de petites quantités d'histamine sous la peau. Cela cause une démangeaison locale semblable à celle produite par l'urticaire.

Les tentacules des méduses contiennent également de l'histamine. Leur contact peut être très désagréable, car ils injectent une quantité notable d'histamine. Les grandes méduses telles que les physalies peuvent causer la mort du nageur qui les touche, par la quantité injectée.

Les poils urticants d'une ortie, vus au microscope.

Les tentacules des méduses causent des piqûres cuisantes et parfois dangereuses.

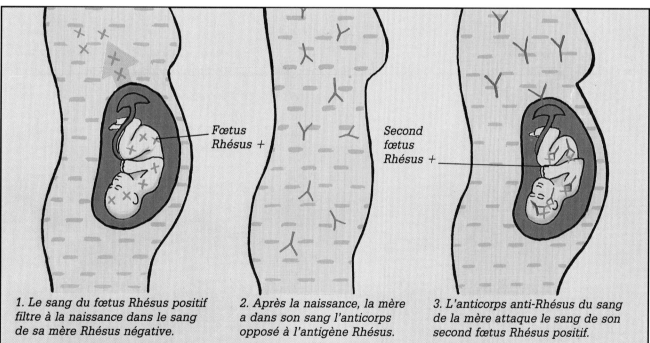

Fœtus Rhésus +

Second fœtus Rhésus +

1. Le sang du fœtus Rhésus positif filtre à la naissance dans le sang de sa mère Rhésus négative.

2. Après la naissance, la mère a dans son sang l'anticorps opposé à l'antigène Rhésus.

3. L'anticorps anti-Rhésus du sang de la mère attaque le sang de son second fœtus Rhésus positif.

L'immunisation Rhésus

Le sang humain se diversifie en plusieurs groupes appelés A, B, O et Rhésus. Le sang de 85 pour cent des personnes contient l'antigène Rhésus et est dit Rhésus positif (Rh+). Les 15 pour cent restants n'ont pas l'antigène Rhésus dans leur sang, qui est dit Rhésus négatif (Rh−). Si un sang Rhésus négatif entre en contact avec un sang Rhésus positif, il fabriquera des anticorps contre l'antigène Rhésus. Les groupes sanguins étant héréditaires, un père Rhésus positif et une mère Rhésus négative peuvent avoir un enfant Rhésus positif. La mère produit des anticorps au contact du sang de cet enfant, à sa naissance. Le premier enfant n'en souffre pas, mais les anticorps constitués nuiront au sang du second fœtus Rhésus positif.

Anticorps

Antigène

Noyau

LUPUS : les anticorps commencent à attaquer le noyau des cellules du corps. Le rôle du noyau est essentiel : il dirige l'activité de chaque cellule.

Les anticorps attaquent les microbes qui ont envahi le corps

Des erreurs d'identification

Normalement, le corps apprend à reconnaître toute la gamme de ses protéines et n'entreprend rien contre elles. Mais les antigènes sont aussi des protéines, et il arrive que le corps distingue mal ces protéines étrangères de certaines des siennes, et produise des anticorps nuisibles à ses propres protéines. Ceci provoque les maladies dites auto-immunes, dont voici quatre exemples.

Anémie pernicieuse : dans cette maladie, les anticorps de certaines cellules de l'estomac empêchent l'assimilation de la vitamine B12. Celle-ci est indispensable à la formation des globules rouges du sang, et son manque cause l'anémie. Cette maladie peut être soignée par l'injection périodique de vitamine B12, qui ne passe pas par l'estomac.

Lupus érythémateux : il est causé par les anticorps produits par l'organisme contre les noyaux de ses propres cellules ; il attaque le plus souvent la peau, le cœur, les poumons et les articulations.

Polyarthrite rhumatoïde : ceux qui en souffrent ont dans le sang un anticorps opposé à leur propre immunoglobuline IgG ; ceci peut provoquer des dommages à leurs articulations.

Rhumatisme articulaire : dans cette maladie, le corps fabrique des anticorps contre des microbes, les streptocoques. Mais les valvules du cœur ont une composition chimique très voisine de celle des streptocoques, de sorte que les anticorps attaquent à la fois les streptocoques et les valvules.

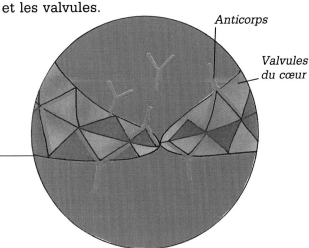

Anticorps

Valvules du cœur

RHUMATISME ARTICULAIRE : dans le cœur, les valvules ont une structure chimique qui ressemble à celle des streptocoques. L'anticorps qui combat les streptocoques attaque aussi les valvules : il est incapable de distinguer entre les deux.

LE CŒUR

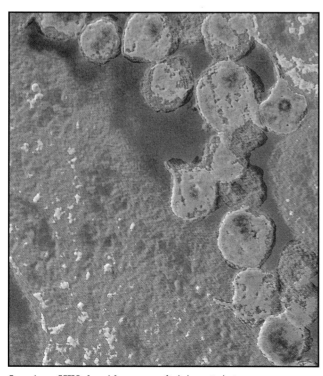

Placenta

Anticorps

Cordon ombilical

Pendant qu'un fœtus se développe dans le ventre de sa mère, le système immunitaire de celle-ci le protège. Les anticorps passent en effet librement par le placenta et le cordon ombilical. Un enfant nourri au sein continue à recevoir l'immunité par le lait maternel.

Le virus HIV du sida apparaît ici en teinte orange.

Les déficiences immunitaires

Jusqu'ici, nous avons examiné ce qui peut fonctionner mal avec un système immunitaire normal. Mais certaines personnes n'ont pas ce système normal. Il y a alors des maladies dites de déficience immunitaire. Elles ne sont pas fréquentes, mais très instructives à étudier, car elles indiquent aux médecins comment fonctionne le système immunitaire. Ceci est devenu spécialement important depuis la découverte en 1981 du sida (ou syndrome immunodéficitaire acquis), provoqué par le virus HIV (ou d'immunodéficience humaine). Voici quelques types de déficiences immunitaires.

Certains enfants naissent avec un système immunitaire déficient, pour diverses raisons. Leur corps est peut-être incapable de produire assez d'immunoglobulines d'une sorte ou d'une autre, ou bien il ne contient pas assez de cellules immunitaires, ou bien celles-ci ne fonctionnent pas convenablement. Parfois, comme en cas de mucoviscidose, la peau ne constitue pas une bonne barrière pour les infections : alors les microbes entrent plus facilement dans le corps, et les enfants ont souvent des maladies graves.

Certaines maladies du système immunitaire, comme la leucémie (ou cancer des globules blancs du sang) ou le sida, affaiblissent le système de défense contre les autres infections.

Une alimentation pauvre en protéines accroît les risques d'infections. Certaines infections qui ne sont pas très graves dans nos régions, comme la rougeole, deviennent facilement mortelles dans certains pays sous-alimentés du tiers monde.

Certains médicaments peuvent réduire la résistance du corps aux maladies, notamment ceux qui, comme les stéroïdes, interviennent dans l'activité des cellules immunitaires et peuvent réduire leur nombre dans le corps. Parfois le système immunitaire est endormi volontairement au moyen de médicaments, par exemple pour éviter le rejet par le corps d'un rein, d'un foie ou d'un cœur transplantés.

Chez les personnes âgées, le système immunitaire fonctionne moins bien. Il est connu qu'aux deux bouts de la vie – la prime jeunesse et la vieillesse – le corps résiste peu aux maladies et risque donc davantage de souffrir d'infections.

EXAMENS ET TRAITEMENTS

Pour diagnostiquer une allergie, le médecin commence par demander au malade de raconter « son histoire », en d'autres mots de décrire ses symptômes et les circonstances où ils surviennent. Parfois l'histoire suffit pour indiquer l'allergie. Si quelqu'un raconte par exemple qu'il a de l'urticaire quelques minutes après avoir mangé des noix, et que cela se répète chaque fois qu'il en mange, l'urticaire ne peut provenir que des noix, et le seul remède efficace est de cesser d'en manger.

Des allergènes suspects sont introduits dans la peau.

Il faudra peut-être éviter divers types d'aliments.

Ensuite le médecin examine le corps du malade. En cas d'urticaire, le médecin note où il apparaît et quel est son aspect. L'asthme peut être diagnostiqué en écoutant le sifflement de l'air dans la poitrine et en mesurant le flux d'air qui peut être inspiré et expiré. La partie la plus difficile du diagnostic est de découvrir quel est, parmi les divers allergènes, celui qui cause les problèmes. Des tests peuvent être effectués avec divers allergènes, pour repérer celui qui cause des réactions.

Pour trouver l'allergène

Trois types de tests sont effectués pour identifier l'allergène.

Tests cutanés : de petites quantités des allergènes suspectés sont introduites dans la peau par des coupures. Une réaction pareille à celle due à une piqûre d'ortie apparaît autour de l'allergène auquel le corps est sensible. Mais ceux qui souffrent d'allergie réagissent souvent à de nombreuses substances !

Tests sanguins : les plus utiles sont ceux qui recherchent les anticorps opposés à des antigènes particuliers. Si un tel anticorps se trouve dans le sang, cela prouve qu'il y a eu une réaction récente contre tel allergène. Ce test permet de déceler l'allergie Rhésus.

Tests alimentaires : une allergie à un aliment particulier est très difficile à dépister. Des allergènes suspects seront retirés du régime alimentaire, pour voir si la santé du malade s'améliore. Si elle est bonne sans tel allergène et redevient mauvaise quand cet allergène est réintroduit, le test est valable. Si un grand nombre d'aliments sont suspectés, le malade commence par un régime minimal d'eau minérale, de viande d'agneau et de poires (qui d'ordinaire ne causent pas d'allergie). Puis des aliments y sont ajoutés un par un, pour voir si une réaction se produit. Un tel test n'est effectué que s'il y a une probabilité d'allergie alimentaire.

Histamine

Mastocyte

Complexe immunologique

Stéroïdes qui empêchent les complexes immunologiques de s'attacher aux mastocytes

Mastocyte

Le cromoglycate empêche le mastocyte de s'ouvrir pour éjecter de l'histamine

Des médicaments antiallergiques

Il est souvent impossible d'identifier des allergènes, et aussi d'éviter leur contact. Les médecins prescrivent alors des médicaments pour réduire les symptômes. Ces médicaments peuvent agir aux divers moments de la réaction allergique. Certains agissent à son début, en empêchant les complexes immunologiques de s'attacher aux mastocytes. Le malade prend des doses importantes de stéroïdes dans les cas sérieux, avec un risque d'effets secondaires gênants. Des doses plus faibles peuvent être prises au moyen d'un inhalateur, d'une bombe à aérosol ou de gouttes oculaires ou nasales : ce système est très employé pour soigner l'asthme et le rhume des foins. D'autres médicaments, comme le cromoglycate, agissent à un stade plus tardif, après la fixation des complexes immunologiques sur les mastocytes : stabilisés par les médicaments, ils n'éjectent plus d'histamine. Ceci est utile en cas d'asthme et de rhume des foins. Certains médicaments agissent enfin au dernier stade de la réaction, en contrariant les effets de l'histamine. Ce sont les antihistaminiques, employés également pour l'asthme, le rhume des foins et l'urticaire.

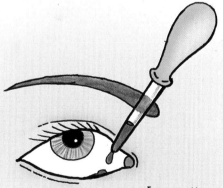

Les gouttes oculaires et nasales sont des moyens courants et sûrs pour prendre des antihistaminiques

Les médicaments antiallergiques peuvent être pris de diverses façons. L'inhalateur ci-dessus agit par compression.

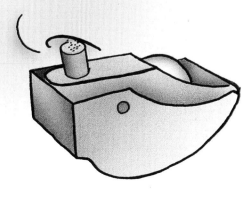

19

Pour prévenir le rhume des foins

Si vous souffrez du rhume des foins, tâchez de vous exposer moins à respirer des pollens. Écoutez à la fin des bulletins météorologiques les chiffres indiquant les quantités de grains de pollen présents dans l'air. S'ils sont élevés, fermez les fenêtres et restez à l'intérieur. L'air conditionné est également utile, car le filtrage de cet air retient la plupart des grains de pollen. Si vous sortez, évitez les endroits où de l'herbe a été coupée récemment et où du foin est récolté. Il vaut mieux sortir tôt le matin ou le soir. De plus, il est utile de mettre des lunettes à verres foncés si vous avez les yeux sensibles et douloureux. Aux États-Unis, les médecins ont effectué des expériences avec des casques comportant des filtres, pour retenir le pollen de l'air avant qu'il soit respiré. Ils sont très efficaces. Mais il y a peu de personnes tellement atteintes du rhume des foins qu'elles acceptent de prendre l'aspect d'astronautes.

Des lunettes à verres foncés aident à protéger des rayons du soleil les yeux irrités et sensibles à la lumière.

Les anticorps attaquent les allergènes avant que ceux-ci excitent les cellules immunitaires

Une faible quantité d'allergène est injectée

La désensibilisation

Si de petites doses d'un allergène sont injectées de façon répétée dans le corps, il « désapprend » parfois sa réaction allergique. Les petites quantités d'allergène sont alors interceptées par les anticorps avant qu'elles atteignent les cellules immunitaires. Après une série d'injections, le système immunitaire apprend à tolérer l'allergène. Il existe cependant des inconvénients à ce système de désensibilisation. Tout d'abord, ce traitement ne réussit pas toujours. Ensuite, le malade peut souffrir d'urticaire ou d'autres réactions durant le traitement, surtout si les doses d'allergène ont été augmentées trop vite. Enfin, personne n'aime les injections répétées. Celles-ci comportent aussi des risques chez les personnes très sensibles, de sorte que ce traitement n'est plus utilisé très souvent, surtout maintenant que le traitement par médicaments est devenu beaucoup plus sûr et efficace. La désensibilisation agit le mieux pour le rhume des foins. Elle a été utilisée aussi pour soigner ceux qui réagissent violemment aux piqûres de guêpes et d'abeilles. Mais elle est inefficace contre l'asthme et l'allergie aux acariens de la poussière des maisons.

La météorologie

Au début de l'été, les météorologues mesurent chaque jour la quantité de grains de pollen présents dans l'air. Ils le font en comptant les grains de pollen retenus dans un filtre où a passé une certaine quantité d'air. Plus il y a de grains dans le filtre, et plus il y a de pollen dans l'air extérieur. La mesure du pollen est publiée chaque jour dans les journaux et annoncée dans les bulletins météorologiques de la radio et de la télévision. Ces renseignements ont une double utilité pour ceux qui souffrent du rhume des foins. Si la mesure est élevée, ils peuvent choisir de rester à l'intérieur pour réduire leur exposition au pollen. De plus, beaucoup de médicaments contre le rhume des foins doivent être pris au début d'une crise pour être le plus efficaces. La mesure du pollen permettra ainsi aux malades de programmer leur traitement de façon plus précise. La mesure est la plus haute par temps chaud et sec, surtout si du vent soulève et emporte plus de pollen. Elle est la plus basse par temps pluvieux, quand l'humidité maintient le pollen près du sol.

Ceux qui souffrent du rhume des foins doivent éviter les étendues herbeuses au début de l'été.

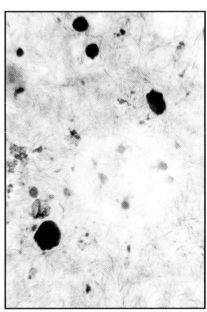

Les grains de pollen sont retenus dans un filtre.

Le comptage va être entrepris.

Le traitement de l'asthme

Ceux qui souffrent d'asthme sont appelés des asthmatiques. La plupart d'entre eux ont besoin d'un traitement médicamenteux. Beaucoup des médicaments utilisés sont de fines poudres que les asthmatiques aspirent au moyen d'un appareil appelé inhalateur. Un pareil traitement est très sûr et très efficace. Le produit pénètre directement dans les poumons et agit très rapidement, de sorte que le malade n'a besoin que de petites doses. Ceci évite que les médicaments dérangent le fonctionnement des autres parties du corps. Les médicaments employés le plus souvent sont les bronchodilatateurs. Ils détendent les muscles entourant les bronches et élargissent le passage pour l'air. Des stéroïdes peuvent aussi être utilisés, car ils réduisent la quantité de mucus dans les bronches. La théophylline et le cromoglycate sont également utiles. Ces médicaments peuvent être employés de trois façons : durant les crises d'asthme, ou régulièrement pour les éviter, ou pendant et entre les crises.

Un inhalateur est utilisé pour soigner l'asthme.

COUPE TRANSVERSALE D'UNE BRONCHE

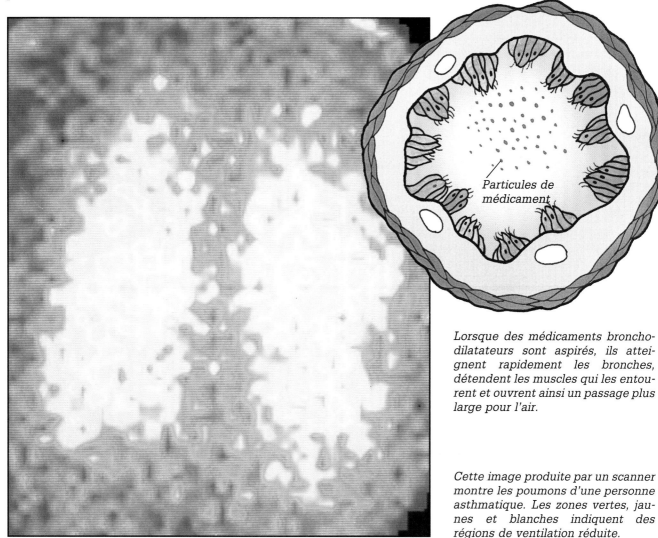

Particules de médicament

Lorsque des médicaments bronchodilatateurs sont aspirés, ils atteignent rapidement les bronches, détendent les muscles qui les entourent et ouvrent ainsi un passage plus large pour l'air.

Cette image produite par un scanner montre les poumons d'une personne asthmatique. Les zones vertes, jaunes et blanches indiquent des régions de ventilation réduite.

Une nouvelle approche de l'asthme

Un traitement médicamenteux soigné est la meilleure façon de maîtriser l'asthme. La plupart des asthmatiques prennent maintenant régulièrement des médicaments pour éviter les crises. Mais il existe aussi, pour eux et pour leurs familles, d'autres façons plus générales de soigner leur état. Il faut nettoyer régulièrement la maison, pour qu'elle ait le moins de poussière possible. Il est sage de ne pas garder d'animaux dans la maison. Il faut aussi pousser les asthmatiques à faire des exercices physiques, spécialement de la natation qui cause le moins d'ennuis respiratoires. Si un sport provoque une respiration sifflante, on peut généralement l'éviter en aspirant d'abord une dose du médicament prescrit. L'ancien système, qui considérait les asthmatiques comme fragiles et les envoyait dans des écoles spéciales, n'est plus recommandé. Avec des soins appropriés, la plupart des asthmatiques peuvent mener une vie active et bien remplie. Plusieurs sportifs de haut niveau sont asthmatiques.

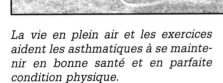

La vie en plein air et les exercices aident les asthmatiques à se maintenir en bonne santé et en parfaite condition physique.

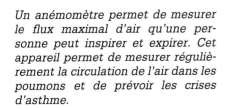

Un anémomètre permet de mesurer le flux maximal d'air qu'une personne peut inspirer et expirer. Cet appareil permet de mesurer régulièrement la circulation de l'air dans les poumons et de prévoir les crises d'asthme.

23

La maladie cœliaque

Les médecins peuvent diagnostiquer cette maladie en examinant un petit morceau de tissu enlevé de la paroi de l'intestin grêle : ce prélèvement s'appelle une biopsie. Les médecins la pratiquent en faisant glisser un long tube flexible par la bouche et l'estomac jusque dans l'intestin grêle, et une pince du bout du tube enlève doucement une parcelle de la paroi. Celle-ci est examinée au microscope, et les médecins voient facilement s'il y a ou non maladie cœliaque, car le tissu malade est très différent du tissu sain. Les symptômes principaux de la maladie cœliaque sont la faiblesse, la diarrhée et la perte de poids. Une amélioration notable apparaît dès que le malade cesse de manger du gluten. Tout aliment fait de farine de blé doit être évité, et ce régime doit être maintenu jusqu'à la fin de la vie.

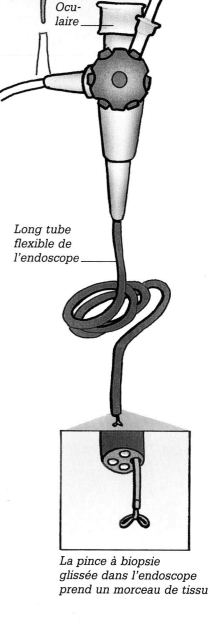

Ci-dessus : une biopsie d'un tissu sain de la paroi de l'intestin grêle fait voir clairement les villosités.

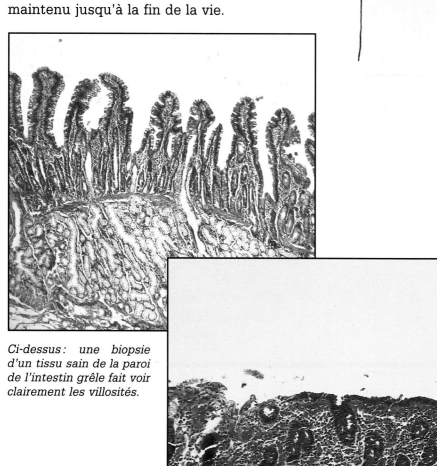

À droite : cette biopsie de tissu intestinal atteint par la maladie cœliaque montre les villosités abîmées et devenues dès lors incapables de bien absorber la nourriture.

24

La pince à biopsie glissée dans l'endoscope prend un morceau de tissu

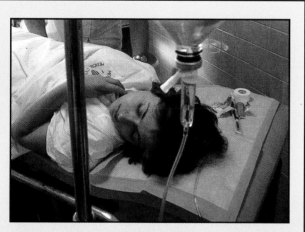

Le développement et la naissance d'un second bébé Rhésus positif ne posent plus guère de problèmes.

Facteur Rhésus et grossesse

Toutes les femmes enceintes doivent subir un test sanguin, pour savoir si elles ont ou non le facteur Rhésus. Les femmes Rhésus négatives subissent un second test, pour déceler si leur sang contient de l'anticorps anti-Rhésus. Si oui, cela indique qu'une réaction s'est produite contre l'antigène Rhésus du premier enfant, parce que son sang a été en contact avec celui de sa mère. Les médecins surveillent alors soigneusement le second bébé, pour éviter tout accident. Cette situation ne se produit plus que rarement, car les mères Rhésus négatives reçoivent maintenant une injection d'anticorps anti-D après la naissance de leur premier enfant. Ce produit combat l'antigène Rhésus venu éventuellement du sang de cet enfant et l'empêche d'alerter et exciter le système immunitaire de sa mère.

Un goutte-à-goutte injecte des immunodépresseurs.

Les immunodépresseurs

Tout le système immunitaire doit parfois être « endormi » au moyen de médicaments appelés immunodépresseurs. Cela est nécessaire quand il n'y a pas d'autre moyen de soigner des maladies graves. Ce système est employé aussi après une opération de transplantation d'organe, pour empêcher le corps d'attaquer et rejeter l'organe étranger. Il y a peu de temps, les immunodépresseurs avaient encore de graves effets secondaires, qui pouvaient être mortels. Les nouveaux produits et anti-anticorps permettent maintenant un traitement beaucoup plus sûr, avec un taux de succès encourageant.

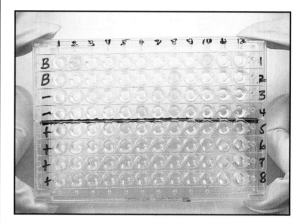

Test du sida : le jaune montre la présence du virus.

Le sida

Cette maladie est causée par le virus d'immunodéficience humaine (ou HIV). Il passe d'une personne à l'autre par contact sanguin ou par diverses formes d'activité sexuelle. Ce virus peut rester en sommeil pendant des années : la personne infectée n'est pas malade. Les ennuis commencent plus ou moins tard, lorsque les lymphocytes dotés de mémoire immunologique (voir page 6) sont endommagés : le système immunitaire ne peut plus fonctionner convenablement et divers symptômes apparaissent. Finalement tout le système immunitaire s'effondre et le malade meurt d'infections ou de cancer.

VIVRE AVEC UNE ALLERGIE

Il est plus facile de vivre avec une allergie si sa cause peut être identifiée et évitée. Cela peut être simple, comme éviter les chats lorsque les poils de chat sont l'allergène ; mais c'est parfois compliqué, comme lorsqu'il faut s'imposer un régime sans gluten en cas de maladie cœliaque. Mais la cause de l'allergie reste souvent inconnue, et le médecin soigne alors les symptômes gênants avec des médicaments. Les malades doivent suivre ses instructions, pour profiter des bons effets des médicaments et pour réduire leurs effets gênants.

Aliments de remplacement

Les personnes qui souffrent d'allergies alimentaires doivent prendre certaines précautions :
* Si un aliment est suspect, en manger peu.
* Être prudent avec les aliments de même type que celui qui cause une allergie.
* Lire avec soin les étiquettes des aliments.
* Être prudent en cas de repas pris au restaurant ou en d'autres maisons. Un invité doit toujours signaler à son hôte une sérieuse allergie alimentaire. Des enfants allergiques consommeront leur propre nourriture lors des sorties, soirées ou excursions.

Il est de l'intérêt de chacun que l'environnement où nous vivons soit aussi sain que possible. Nous avons tous besoin d'air pur, préservé au maximum de la pollution. Nous avons aussi besoin d'aliments sains. Les produits chimiques et autres allergènes possibles ne peuvent être utilisés qu'avec de grandes précautions, et seulement lorsqu'ils sont vraiment indispensables. Les hommes peuvent faire beaucoup pour que le monde soit un endroit plus sûr pour tous et que la vie y reste possible et agréable pour leurs enfants et petits-enfants.

Beaucoup d'aliments de remplacement sont actuellement fabriqués et disponibles pour les allergiques.

Associations de cœliaques

Il existe divers groupements qui procurent de l'aide et du soutien à ceux qui souffrent d'allergies ou de désordres immunitaires. Des associations de cœliaques aident leurs membres en publiant des nouvelles, des régimes et des recueils de recettes. Ces groupes récoltent également des fonds pour financer les recherches concernant leur maladie. Ils organisent des réunions locales pour les malades et ceux qui les soignent. Ainsi les malades peuvent se rencontrer et parler de leurs problèmes et de leurs expériences. Des adresses de telles associations sont données à la fin de ce livre.

Produits hypoallergiques

Les personnes qui souffrent d'allergies spécialement aux produits cosmétiques ne doivent
dorénavant plus s'en priver totalement. Une
gamme variée de produits hypoallergiques
pour les soins de beauté et de la peau est
actuellement disponible. Ils ne contiennent ni
colorant ni parfum et risquent donc moins que
les produits ordinaires de causer des réactions allergiques. Pour un prix légèrement
supérieur, les personnes allergiques peuvent
même trouver des savons, parfums et fards qui
ne provoquent pas d'allergie. Les produits
hypoallergiques sont recommandés à toutes les
personnes à peau sensible ou souffrant d'allergies, à moins qu'elles ne veuillent se priver
totalement de produits cosmétiques. Ces produits spéciaux conviennent aussi aux bébés et
aux jeunes enfants dont la peau irritable réagit
mal aux crèmes et lotions pourtant fabriquées
spécialement pour eux.

Les produits hypoallergiques sont d'un emploi plus sûr.

L'eczéma infantile

L'eczéma du nourrisson s'améliore généralement durant l'enfance et disparaît complète-
ment. Des crèmes et onguents peuvent être utiles, ainsi que les recommandations suivantes :
* Ne mettez pas en contact avec la peau quel-
  que chose qui peut l'irriter, surtout la laine.
* Utilisez des produits qui humidifient la peau.
* Évitez les excès de chaleur et de froid.
L'eczéma n'est pas infectieux et ne se transmet
donc pas par contact ou contagion.

L'eczéma infantile guérit d'ordinaire spontanément.

Les allergies héréditaires

La tendance à souffrir d'allergies a certai-
nement un caractère familial, même s'il y a
des allergiques qui n'ont aucun proche
parent allergique. C'est ordinairement la
tendance à l'allergie qui est héréditaire, et
non une forme particulière de celle-ci. L'allergie ne se transmet donc pas comme par
exemple la couleur des yeux. Si les deux
parents ont les yeux bleus, il est très pro-
bable que ceux des enfants auront la
même teinte. Mais si les deux parents
souffrent de rhume des foins, leurs enfants
n'auront pas nécessairement la même
affection, mais pourront avoir d'autres
troubles allergiques : ils souffriront par
exemple d'asthme ou d'eczéma. Les
enfants de parents allergiques n'auront
pas fatalement eux-mêmes des allergies,
et il est en général impossible de prévoir
qui d'entre eux en aura ou n'en aura pas.

Parmi les rares déficiences immunitaires, quelques-unes sont directement héréditaires. Cela est dû probablement à des
défauts dans la constitution génétique des
familles. Leurs membres devraient consul-
ter un généticien avant de fonder eux-
mêmes une famille.

Vivre avec l'asthme

Le traitement convenable de l'asthme demande d'abord l'emploi de certains médicaments (voir p. 22). De plus, il est conseillé de vivre dans une maison propre et sans poussière, et d'éviter ou réduire les contacts avec les animaux. Le grand air et l'exercice aideront à entretenir la santé et la condition physique. Des examens médicaux réguliers sont nécessaires, mais les asthmatiques eux-mêmes et leurs familles doivent surveiller leur état. Les asthmatiques peuvent mesurer de façon simple et au moyen d'un appareil peu coûteux (voir p. 23) le flux d'air qu'ils sont capables d'inspirer et d'expirer. Ce contrôle régulier permet aussi de prévoir les éventuelles crises d'asthme. Certaines infections, surtout celles de la poitrine, peuvent causer des crises et requièrent un traitement rapide.

Les asthmatiques peuvent être d'excellents athlètes.

Les allergies professionnelles

Beaucoup de produits chimiques utilisés dans les processus de fabrication industrielle peuvent causer des irritations ou allergies. C'est le cas pour les huiles de lubrification employées en métallurgie, et aussi pour les produits chimiques intervenant dans le raffinage du pétrole et dans la fabrication des engrais, insecticides et plastiques. Les travailleurs peuvent réduire les risques de réaction allergique à ces produits en portant toujours des vêtements protecteurs.

Les travailleurs agricoles doivent se protéger des produits chimiques employés dans les cultures.

La prévention du sida

Le sida est actuellement le plus grave problème de santé publique. Le virus qui cause le sida passe dans le sang et le sperme de trois façons :

* Les drogués qui s'injectent de la drogue se passent souvent l'un à l'autre des aiguilles sales et risquent la contagion.
* Le virus peut passer d'un partenaire à l'autre lors de toute activité sexuelle.
* Le virus a été transmis lors de transfusions de sang ou de produits sanguins (tels que le plasma), effectuées avant que le danger du sida ait été connu des médecins.

Comme il n'y a actuellement aucun remède connu ni prévu contre le sida, ni aucun processus efficace d'immunisation, la prévention est la seule arme disponible. Celle-ci dépend de l'information et de l'éducation des personnes, surtout de celles « à risques ».

* Idéalement, les drogués ne devraient plus s'injecter de la drogue. Qu'ils évitent au moins d'utiliser des aiguilles sales. Dans certains pays des aiguilles propres leur sont données gratuitement.
* Les relations sexuelles avec un partenaire sain sont les seules sûres. S'il y a doute, un préservatif peut éviter la contagion.
* Le sang des donneurs est examiné pour y repérer le virus HIV, et les produits sanguins sont traités pour y tuer tout virus.

Vivre dans une bulle

Notre corps est équipé merveilleusement pour nous garder en bonne santé. Notre peau forme une protection pratiquement imperméable. Une substance dangereuse qui entre par ailleurs dans le corps est presque toujours reconnue et éliminée rapidement. Les anticorps se souviennent même comment répliquer à une attaque future. La capacité du corps à se réparer est étonnante : un processus de rénovation et réparation agit sans cesse. Seul un trouble de cette activité crée un problème. Mais le cas est rare. Même si une allergie survient, elle est généralement modérée et réagit bien à un traitement.

Un petit nombre de personnes sont atteintes gravement de maladies allergiques ou du système immunitaire, et le meilleur traitement n'améliore pas leur état. Certaines doivent être isolées du reste du monde dans une « bulle ». Elles ne respirent que de l'air filtré, dont tous les microbes, virus et allergènes ont été retirés. Leur nourriture est préparée spécialement et stérilisée, et elles ne peuvent toucher directement personne, pour éviter que des microbes touchent leur peau. Ces personnes doivent donc mener une vie isolée, mais sans ces précautions extrêmes elles pourraient mourir de la moindre infection.

Les recherches médicales

Les savants ont toujours cherché à mieux savoir comment notre corps fonctionne, dans la santé et la maladie. Les transplantations d'organes et le virus du sida ont été de puissants incitants pour étudier en profondeur le système immunitaire. Comme dans toute recherche médicale, le travail est lent et ardu, et la réponse à une question fait en poser chaque fois plusieurs autres. Dans la chirurgie des transplantations, il est essentiel d'avoir des médicaments efficaces, qui paralysent le système immunitaire pour l'empêcher de rejeter les greffes, sans pourtant nuire au malade. La mise au point de nouveaux médicaments a contribué de façon importante à la réussite des transplantations d'organes.

Les recherches pour connaître et vaincre le sida ont fait mieux comprendre comment fonctionne notre système immunitaire. Jusqu'à présent, un seul médicament, la zidovudine, a pu ralentir l'aggravation du sida ; mais un remède qui le guérirait est loin d'être trouvé.

La recherche médicale est lente et ardue.

Adresses utiles

Fondation pour la prévention des allergies, 55, rue du Président, 1050 Bruxelles. Tél. (02) 511.67.61.

Section française de la Fondation pour la prévention des allergies, Mme Charron, 6, rue Rameau, 91240 Saint-Michel-sur-Orge (France). Tél. 69.04.92.39.

Asthmafonds, 56, rue de la Concorde, 1050 Bruxelles. Tél. (02) 512.54.55.

Comité national contre la tuberculose et les maladies respiratoires, 66, bd St-Michel, 75006 Paris. Tél. (1) 46.34.58.80.

FARES (Martine Spitaels), 56, rue de la Concorde, 1050 Bruxelles. Tél. (02) 512.29.36.

Gremma, 2, clos de l'Oasis, 1140 Bruxelles. Tél. (Mme Frederic) (059) 80.54.78.

Le Second Souffle (camps et sports pour asthmatiques), C.H.R. Aiguelongue, 34059 Montpellier (Cedex 1).

Société belge de la maladie cœliaque, 28, clos du Cheval d'argent, 1050 Bruxelles. Tél. (02) 660.18.12.

Allergy Information Association, 65, Tromley Drive, suite 10, Etobicoke, Ont. Tél. (416) 244-8585. Au Québec, tél. (514) 455-6971.

Association des lupiques du Québec Inc., 437, rue Rivière Sud, St-Lin-des-Laurentides, Qué. Tél. (514) 439-5761.

Info-Air Inc., 4837, rue Boyer, bureau 100, Montréal, Qué. H2J 3E6. Tél. (514) 596-0805.

La prévention précoce

Des recherches récentes ont montré que les tout jeunes bébés, soumis à de fortes doses d'allergènes (acariens, pollens, poils ou plumes d'animaux) ou nourris tôt au lait de vache, risquent d'acquérir des allergies définitives. Un contact plus tardif avec ces allergènes peut être sans danger. Tous les allergènes respiratoires (oiseaux, hamsters, tapis) doivent pourtant être bannis des écoles, pour ne pas accentuer une sensibilité aux allergies (chez 10 à 20% des enfants).

GLOSSAIRE

Allergène Substance normalement inoffensive qui, pénétrant dans certains organismes, fait réagir leur système immunitaire.

Aminoacides ou **acides aminés** Famille d'environ vingt substances chimiques différentes, qui se groupent entre elles pour former les protéines de la matière vivante.

Anémie État maladif de celui qui a trop peu de globules rouges dans son sang.

Anticorps Substance qui est produite par le corps pour combattre un antigène.

Antigène Substance étrangère au corps, contre laquelle celui-ci se défend en produisant un anticorps qui la neutralise.

Bactérie Organisme microscopique qui peut provoquer une maladie.

Biopsie Enlèvement d'un petit morceau de tissu du corps, pour l'examiner et y rechercher une maladie éventuelle.

Bronche Tube semi-rigide qui conduit l'air à chaque poumon et se divise en bronchioles.

Cancer Croissance anormale, désordonnée et envahissante de certaines cellules du corps.

Cellule La plus petite unité distincte de matière vivante.

Diagnostic C'est l'identification d'une maladie par l'observation des symptômes.

Hétérosexuelle, activité C'est l'activité sexuelle entre personnes de sexes différents.

Histamine Substance chimique produite par les réactions de défense et d'allergie du corps. Elle cause de l'inflammation.

Homosexuelle, activité C'est une activité sexuelle entre personnes de même sexe.

Immunité État de résistance du corps à une maladie, obtenu par la réaction efficace du corps contre les microbes envahisseurs, ou provoqué par l'injection de microbes affaiblis qui suscitent une même réaction.

Immunoglobulines Nom chimique des protéines qui constituent les anticorps.

Inflammation Gonflement d'une partie du corps en réponse à une agression, avec afflux de sang, échauffement et douleur.

Microbe Nom général désignant tous les micro-organismes : bactéries, virus, champignons, etc.

Noyau La partie centrale de chaque cellule, qui commande et dirige ses activités.

Organe Une partie notable du corps, qui accomplit une certaine fonction, tel le cœur.

Protéine Corps chimique complexe, constitué d'acides aminés et propre aux êtres vivants (végétaux et animaux).

Sperme Liquide sexuel mâle, contenant les spermatozoïdes qui peuvent féconder l'ovule féminin et reproduire un être vivant.

Stéroïdes Groupe de corps chimiques naturels ou synthétiques, à forte action sur l'organisme et utilisés comme médicaments.

Symptômes Changements corporels ou psychologiques causés par un mauvais fonctionnement du corps et indiquant une maladie.

Toxine Poison produit par des microbes.

Transplantation Enlèvement d'un organe sain d'un corps et sa mise dans un autre corps pour y remplacer un organe malade.

Virus Organisme très petit et très simple qui peut provoquer une maladie dans le corps.

INDEX

Origine des photographies

Page de couverture et pages 21 (haut), 23 (haut) et 28 (milieu) : Robert Harding Library ; pages 5 (gauche et droite), 6, 7 (gauche et droite), 9 (les deux), 10 (bas), 12 (haut), 13 (bas), 14 (milieu), 15 (gauche), 17, 18 (bas), 19, 22 (haut et bas), 23 (droite), 25 (milieu gauche et droite) et 30 : Science Photo Library ; pages 8 et 21 (deux du bas) : National Pollen and Hay Fever Bureau ; page 10 (haut) : Flick Killerby ; pages 12 (bas), 14 (gauche et droite) et 24 (les deux) : Biophoto Associates ; pages 13 (haut), 23 (milieu gauche), 27 (bas) et 28 (haut) : J. Allan Cash Library ; page 14 (haut) : National Medical Slide Bank ; page 15 (droite) : Pete Atkinson/Planet Earth ; pages 18 (milieu), 20, 26 (milieu et bas) et 27 (haut) : Roger Vlitos ; page 25 (haut) : Topham Picture Library ; page 29 : Frank Spooner Agency.

Page de garde annotée ΦD 03-06